D0505954

A wee Moose in the Hoose

a Scots counting book

In memory of Mum and for
Dad – Soapy – Neill, Rosie, Kirsty and Sam – Hilary and Robert
Love n' stuff – KS

This edition first published 2006
by Itchy Coo

A Black & White Publishing and Dub Busters Partnership
99 Giles Street, Edinburgh EH6 6BZ

ISBN 13   978 1 84502 085 9

ISBN 10   1 84502 085 5

Scottish
Arts Council
L**OTTERY FUNDED**

Printed and Bound in Poland
www.polskabook.pl

A wee Moose in the Hoose

a Scots counting book

Itchy Coo

1

Yin rich moose
In his coontin hoose

2

Twa dink coos

Readin oot the news

3

Three sleekit selkies
Tummlin their wulkies

4

Fower baldy dugs
Tryin on rugs

5

Five brainy hurcheons
Learnin tae be surgeons

6

Six sonsie soos

Gaun on a cruise

7

Seeven strang brocks
Sclimmin up rocks

8

Eicht fly tods

Awa wi fishin rods

9

Nine bubblyjocks
Washin oot their socks

10

**Ten cheeky puggies
Drivin gowf buggies**

11

Eleeven gallus craws
Playin heid the baw

12

Twelve mad maukins
Aye talkin, talkin

13

**Thirteen soople cats –
Circus acrobats!**

14

Fowerteen braw partans

Dressed in bonnie tartans

15

Fifteen broon troot
Joukin in and oot

16

**Sixteen racin rattons
Haundin ower batons**

17

Seeventeen green puddocks
Lowpin ower tummocks

18

**Eichteen wee speugs
Chantin in yer lugs**

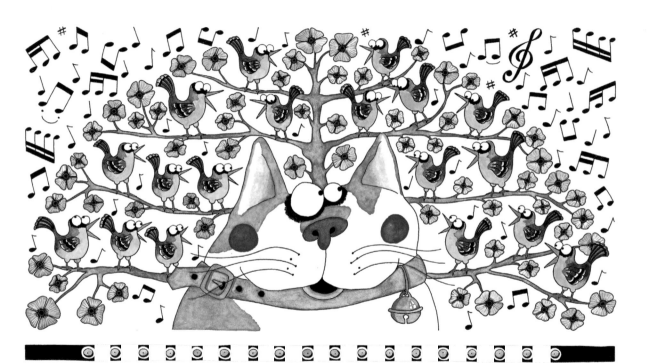

19

Nineteen glaikit yowes
Lost up on the knowes

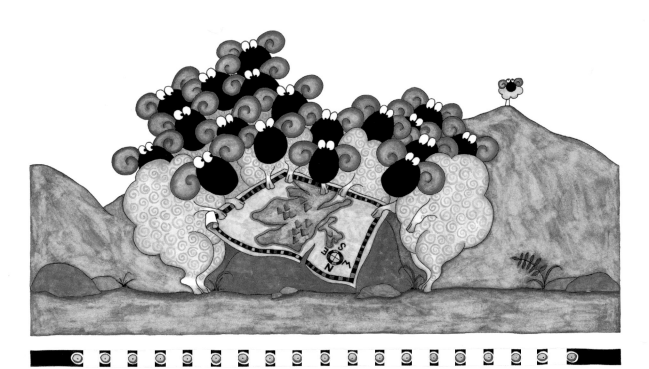

20

Twenty hairy oobits
Pittin on their new bitts

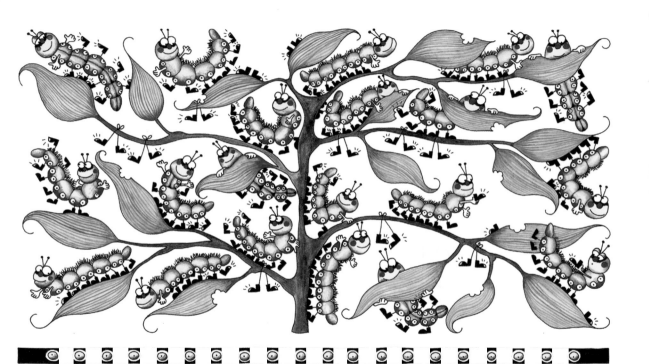

100

Hunners o clockers

Watchin a shocker!

1000

Thoosans o bees

Blawin in the breeze

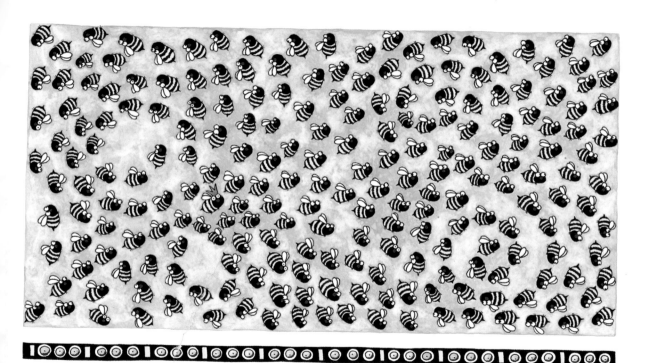

1 2 3 4 5 6 7 8

9 10 11 12 13

14 15 16 17 18

19 20 100 1000